사람의 겨울

사람의 겨울

이경주 시조집

창연

| 시인의 말 |

넌, 할 수 있는 게 없어

고도를
기다리지만

난, 마음 자판 위를
일하듯 뜀을 뛰며

해야 할
말을 수선해
책 속에다 묻는다

2025년 8월

이경주

| 차례 |

시인의 말 • 005

제1부 여기서 한 달쯤은 지나가는 바람으로

송광사 불일암佛日庵 • 013
금강경金剛經을 배우며 • 014
법정 스님의 사계四季 – 봄 • 015
– 여름 • 016
– 가을 • 018
– 겨울 • 019
마음 • 020
무주상보시無住相布施 • 021
달항아리 • 022
대답의 품위 • 023
성파 선예禪藝 • 024
서운암 사계四季 • 026
장경각의 봄 • 027
운주사 • 028
구례 사성암 • 029
합천 영암사지 • 030
부처님 오신 날 • 031
산문에 들어 • 032

제2부 겨울의 냉동고에서 환한 봄을 꺼낸다

사람의 겨울 • 035
지하련 • 036
최민식 • 037
윤수 형님 • 038
손 선생님 • 039
상기 관장 • 040
서용욱 • 041
미장원 그 여자 • 042
배꼽 찾는 여자 • 043
미더덕 까는 여자 • 044
다림질하는 여자 • 045
밭에서 만난 여자 • 046
산으로 가는 여자 • 047
김씨 • 048
노숙露宿 • 049
내가 사는 곳 • 050
중리역中里驛 • 051
성호초등학교 • 052
가포 봄길 • 053
지금, 창동에 가면 • 054
자화상 • 055
의령장 • 056
소 • 057
사려니숲길 • 058

제3부 강물을 울리지 않고 건너가는 배 없다

부추 • 061
수선화 • 062
파꽃 • 063
토마토 • 064
음식, 사랑이다 • 065
여름 풍경 • 066
폭우 • 067
입춘 • 068
곡우 • 069
하지 • 070
입추 • 071
논문 작성법 • 072
그래도 늦지 않다 • 073
채식주의자 • 074
책맹인류 • 075
퍼펙트 데이즈 Perfect Days • 076
이처럼 사소한 것들 • 077
절규 • 078
파문 • 079
고래 • 080
신우해이어보 新牛海異魚譜 • 081
먼바다가 전하는 소식 • 082
사할린 비보 悲報 • 083
다마스쿠스 • 084
시간의 강을 건너는 배 • 085
반달 • 086

제4부 그 풍경 가위질하여 어쩌자고 가져와

파도 • 089
안개 • 090
고욤나무 • 091
바다를 붙잡다 • 092
저녁의 연인 • 093
그 여자 바람 • 094
어느 멋진 날 • 095
사랑을 꿈꾸며 • 096
연착延着 • 097
이별은 이유를 만들고 • 098
잃어버린 동전에 대한 분노 • 099
란蘭 • 100
오후 네 시 • 101
안나 카레니나에게 • 102
첫사랑 • 104
짝사랑 • 105
행복해서 슬픈 이 • 106
어린 왕자 • 107
빼빼로 • 108
유자 • 109
모두가 니탓이다 • 110
일요일 • 111

해설_사랑의 힘으로 번져가는 선연한 사유와 기억 • 112
유성호(문학평론가·한양대학교 국문과 교수)

제1부

여기서
한 달쯤은
지나가는 바람으로

송광사 불일암 佛日庵

왜 절에 왔냐고 물어보지 않는다
매듭이 얽히고설킨 실타래 한 짐 지고
저무는 햇빛을 캐며
묵묵하게 나선 길

오르막길 같기만 한 무거운 인연들
쉽게 끝내버린 내리막길 인연들
다 잊고 새로워지려
나를 찾아왔는데

여기서 한 달쯤은 지나가는 바람으로
그 바람 일 년쯤은 냇물로 흘려보내면
풍경의 청아한 소리로
맑아질 수 있을까

후박나무 잎이 가린 이끼로 덮은 납골
시간과 공간까지 소거된* 이곳에서
아직도 나를 못 버린
내 그림자 흔들거린다

* "이제 시간과 공간을 버려야겠다." 법정 스님이 입적 전날에 남긴 법어.

금강경 金剛經을 배우며

내 글이 책상에서 절 한 채 떠받들 때
네 법구 시장에서 세상살이 가르친다
마땅히 머물지 않은
그 마음이 금강이라

활자는 아슴푸레 입에서 깔끄럽고
가슴속 닿지 못해 손에서 멈칫하여
고귀한 문구 밖으로
갸웃대는 물음표

여법한 수행으로 삼매에 빠진 밑줄
형광펜 노란빛이 홀씨로 난분분해
새벽녘 이슬 맞은 듯
하얘지는 말머리

꽃그늘 주저앉은 나 데리러 산에 간다
고랑 길 훑어가듯 찬찬히 손 내밀어
네 경經이 나에게 닿게
한 발짝씩 옮긴다

법정 스님의 사계(四季)
- 봄

연두색 물감으로 수런대기 시작하는
숲에서 싱그러운 봄 향기 가만 듣는다
이렇듯 자연의 계절은 어김없이 와 있건만

내 곁에 찾아오는 축 처진 소식들
그림자 함께 나눈 바람이 다녀간 후
속 뜰은 촉촉이 젖어 한겨울을 붙잡고

화선지 수묵으로 묵향은 침잠하듯
사람의 말들이란 묻어야 할 헛짓거리
거칠한 능선을 따라 숨 고르는 생으로

비 개인 산 중턱의 툇마루 기대앉으면
지나는 시냇물 소리 발 담근 댓잎 소리
누구도 제 것이라고 주장하지 않는다

눈 안의 눈빛으로 귓속의 말로 듣는
비발디 협주곡과 베토벤 소나타가
꽃처럼 지천으로 피는,
산중에도 봄은 온다

법정 스님의 사계四季
 - 여름

1.
거세진 작달비가 사방을 때려대면
단출한 살림살이 가릴 것 없어 허둥대도
신발은 방안에 들여
바깥세상 경계한다

2.
지루한 장마 그치고 산그늘 내릴 무렵
밭고랑 김을 매던 야무진 손끝으로
내 속에 웃자란 잡초
뿌리째 뽑고 싶다

3.
채소밭 물 길어 주니 무 배추 생기 찾고
하얗게 치자나무 다소곳이 꽃을 피워
발걸음 스며드는 정경
오래도록 붙잡는다

4.
연잎은 감당할 만한 물방울만 움켜쥔다
수정 같은 맑은 물도 미련 없이 쏟아내고
고고한 품을 둘러서
발밑까지 정갈해

먹물 든 절 마당 입구 보살님 눈물 모은 곳
씻어서 더 간절한 뼈마디 굵어지며
늦여름 계향충만戒香充滿*한
그런 사람 될까나

* 연꽃이 피면 물속의 시궁창 냄새는 사라지고 향기가 연못에 가득하다. 향기 나는 사람이 되라는 의미이다.

법정 스님의 사계四季
- 가을

1.
별자리 뚜렷하고 벌레 소리 아련해져
건듯건듯 소슬바람 버석버석 지나가는,
더위의 뒤끝 더듬어
헤아리는 깊은 밤

하프를 연주하듯 보름달 흘러가고
그늘이 길게 늘어진 후박나무 뜰 아래
적막과 은은한 달빛
내 그림자 씻는다

2.
산빛이 바래려고 마른 바람 달려와서
파초잎 서걱대는 이슬이 찾은 아침
동안거 결제를 맞아
말끔해진 하늘이다

하늘 아래 모든 것이 평등하다는 저 파랑
땅에서 바다에서 다투지 말라 한다
비워서 하얘진 구름
푸르러서 가을이다

법정 스님의 사계四季
- 겨울

가랑잎 뒹굴 듯이 무심한 붓장난에
여백을 내어주며 나를 돌아보게 한다
아직은 때가 아니라
시간이 야속한데

풍경은 처음으로
본디의 형상으로
나무도 거추장스러운
잎들을 벗어놓고
뿌리로 돌아가라며
재촉하는 시늉이다

산죽밭 사각거림 뜸해진 개울물 소리
요구하는 법 없이 담담히 지나가듯
덜 여문 내 목소리를
다시 안으로 벼린다

마음

대장경 깨부수어
한군데 모아보면,

수보리의 물음에
여래의 당부이다

모두가
무주상보시 無住相布施
이와 같이 나는 배운다

무주상보시 無住相布施*

태어나 죽음까지 열심히 달려가도
시원始原의 터전에선 똑같이 대우한다
사람일 하늘에 지은
구름 같은 절이다

금강경 문리 트면 모두가 없다 한다
시작과 끝 바깥에서 소멸하여 비워져
머무른 나의 자리는
그 안쪽에 잠시뿐

베푸는 마음조차 은혜로이 사라진다
오늘을 수고해서 다음 생 아름답게
찰나의 유혹을 건너
저마다 귀의한다

바람은 자유롭게 거침없이 비행하여
사람으로 산다는 걸 탓하지 않겠지만
기대어 일어서는 난,
등 뒤가 시려 온다

* 집착 없이 남에게 베풀어 주는 일을 의미하는 불교 교리.

달항아리

빗살을 거부한 그분은 민무늬토기
단단히 견뎌내고 은은히 스며들어
가득한 지혜의 말씀 밤낮없이 담는다

원만한 풍채에다 너그럽고 깊은 품이
어쩌면 지구 밖에서 찾아온 선인 같아
몇 번을 묻고 물어도 미소로만 답하신다

대답의 품위

누가 놓고 가버린 값비싼 생차生茶 한 편
호의와 대가 사이
가깝고 먼 거리라
찻잔 속
동심원 되어
어지러운 봄날에

어쩌면 좋으냐고 노스님께 물어보니
쓸데없는 소리 말고
차나 한 잔 들라신다
질문을
다당茶堂에 놓고
조심스레 나온다

성파 선예 禪藝
  – 코스모스 COSMOS

1. 태초太初*
아무도 새 나가지 못할 것 같은 적막
캄캄한 심연 속에 숨겨 둔 고요한 빛
가부좌 바른 자세로
빠져드는 깊은 선禪

2. 유동流動**
위에서 아래쪽으로 자유로운 물과 바람
헐거운 틈을 벌려 솟아난 지하의 피
시간의 경전 번져서
물들이는 비단길

3. 꿈夢***
붉어진 더운 피가 키워낸 초록 산천
지나와 아름다운 시절이 꿈을 꾼 듯
덧칠한 세상살이가
사라지는 일순간

* 하늘과 땅이 맨 처음 생겨남.
** 액체 따위가 흘러 움직임, 고정되지 않고 이리저리 옮겨 다님.
*** 잠자는 동안 일어나는 심리적 현상의 연속, 실현하고 싶은 희망이나 이상.

4. 조물造物*
흙에서 시작한 몸, 뜨겁게 살아갈 몸
제각기 형상으로, 나름의 정성으로
우주의 질서를 세워
다독이는 인연들

5. 궤적軌跡**
어릴 적 배내옷이 수의로 가져갈 운명
해인海印의 말씀 따라 홍류동 물살 따라
길 찾아 무릎이 닳은
충직한 저 붓놀림

6. 물속의 달
반구대 물비린내 옮겨온 선사 풍경
구름이 지나가든 나비로 날아가든
한 생을 머물다 가지만
억겁으로 비친다

---

* 조물주가 만든 만물, 우주의 만물을 만들고 다스린다는 신.
** 선인이 남긴 자취나 언동 등을 더듬어 온 흔적.

서운암 사계 四季

산문은 따로 없어 모두를 환영합니다
영축산 언덕으로 서둘러 찾은 햇살
야생화, 전을 펼치는
잔치가 반깁니다

비 내린 처마 끝을 말끔히 닦는 단청
숨 쉬는 된장독은 반들반들 윤이 나고
가녀린 외개연꽃이
어서 오라 합니다

가을엔 하늘빛이 내려와 물이 들어
온천지 울긋불긋 장경각 마당까지
찬찬히 쌓은 공덕이
장경각을 덮습니다

심란한 마음 갈피 쉬어 가라 붙잡습니다
저문달 오는 눈발 수북이 빛을 모아
날마다 발원 화두가
덩두렷이 섭니다

장경각의 봄

금낭화 앞장세워 봄햇살 두른 도자陶瓷
공작은 허리 깃 펼쳐 호위무사 자처하고
영축산 그림자 비껴
화엄 내린 장경각

시대를 거슬러 온 해안의 우주 허공
선한 눈매를 가진 고래와 사슴들이
한 물에 어울려 노는
평화로운 이 뜨락

일하며 공부하고, 공부하며 일하듯이*
미물도 제 몸 바쳐 옻칠로 변신하여
이 땅의 불국정토가
소슬하게 세워졌나니

수행의 복력福力으로 거룩한 됨됨이로
볼수록 빛이 나는 이 따뜻한 이룸이여
해와 달 두루 비추어
곳곳마다 여래로다

---

* 『일하며 공부하며, 공부하며 일하며』 성파스님 말씀하고 김한수 쓰다
(2023), 샘터.

운주사

구름이 머문다는 운주사 가 보아라
낮 동안 허덕이다 저녁이 찾아오면
우주는 식구가 되어
반갑게 맞을 거고

석탑들 행렬 지어 이정표로 줄서거든
바람이 부는 대로 배 한 척 얻어 타고
허물어 무뎌져 가는
돌부처들 뵙기를

뜨겁고 간절한 그대와 눈 마주치면
이내 손잡고 와불상 옆에 누워
뭇별을 바라보아라
함께 빛나야 내 편이다

속울음 은은하게 휘두른 천불 천탑
밤하늘 적요 덮어 오롯이 보듬어 주는,
아무도 가르쳐 주지 않은
운주사에 가 보아라

구례 사성암*

말없이 우두커니 햇살을 거두어들여
이슬도 채 말리지 못하는 절간으로
시월의 가을빛 찾아
숨어드는 내 발자국

바닥의 숨소리는 여전히 고열이다
쉬이 곁을 내주지 않아 책망은 길어지고
한 걸음 더 나간 사람
아무도 산 사람 없어

느른한 한낮인데 지나는 푸른 적막
앙상한 나무들이 미풍에 일렁이며
등에서 떼어낼 수 없는
업보 한 잎 달랜다

* 사성암은 구례 오산 정상의 깎아지른 암벽에 지은 사찰.

합천 영암사지

황매산 능선들이 일제히 손 흔들며
기암은 다붓다붓 제각기 마중 나와
청아한 바람 일으켜
풍요롭고 넉넉해

해인海印이 서려 있는 금당의 회랑에는
순결한 띠 풀마저 고개 숙여 경배하고
널따란 도량의 품이
층을 지어 두터워

석탑은 겸손하게 길상吉祥을 염원하여
세상사 모든 시름 쌍 사자 받쳐 들고
밤마다 은하를 불러
무지개 타고 있다

부처님 오신 날

부처님 오신 날이
사월인가 오월인가요

산으로 걸음 옮긴 굽은 등 할머니들
개울물 비친 눈부처
가물대며 아련해

바라는 마음 놓고
몸은 챙겨 오세요

집으로 돌아오는 수천만 보살님들
극락은 일주문 안에
고이 두고 왔네요

산문에 들어

너에게 가는 길은 늦가을 새털구름
한없이 무거워진 얼굴빛 묻어두고
정갈히 씻어내리는
저 가벼운 몸놀림

스산한 바람 흘러 어둠을 내리는 산문
인기척 사라지자 기어코 찾은 고요
석등이 환해지면서
풍경은 하늘대고

지긋이 끓인 물로 찻잔에 가둔 녹음
데워진 초록빛이 방 가득 포개지면
못다 한 그 말 한마디
툭 던지고 나올까만

문밖은 열꽃으로 흥건히 물들어서
비워진 우듬지를 비껴간 초승 달빛
거뭇한 먹구름 하나
발목을 잡고 있다

제2부

겨울의
냉동고에서
환한 봄을 꺼낸다

사람의 겨울

겨울은 색이 맑아 속 깊이 보여준다
모든 산 옷을 벗고 숲길을 드러내고
바다는 밑바닥까지
주저 없이 내민다

동네를 맞이하는 노거수 제복 벗듯
사연을 덮고 있던 폐가의 형체들도
구멍이 숭숭 뚫린 채
계절을 나고 있다

사람만, 사람만이 스스로 동여맨다
연말도, 새해에도 가벼운 통장처럼
불안이 사람을 잡아
겹겹이 껴입는다

지하련

누구도 기다리지 않는 용마산 중턱쯤엔
십일월 사그라진 가을볕 끌어안고
불그레 고독을 가둔
금단의 현관 있다

단단한 시멘트가 오늘이 더 무거워
목조의 창문들은 눈 뜬 채 뒤틀려서
깨어진 유리창으로
찬바람만 드나들고

그렇게 사랑해서 오래도록 증명하듯
서두르는 법 없이 담담히 떨어가며
차디찬 옹벽에 기대
결별하지 못한 집

맘대로 뻗어나간 잡목만 무성하여
그 시절 영화로운 순간을 박제한 채
애증의 그림자 드리워
금이 가는 저 백서

최민식

젖 물린 아낙네의 간절한 눈빛으로
한 팔인 신문팔이 한 발이 뛰어가며
자갈치 시장 한가득
흑백사진 가뒀다

아이의 자지러진 울음과 웃음들이
빛바랜 틀 속에서 낯익은 얼굴들로
왜 그리 가난하고도
삶은 모질은 지

세상은 앞질러서 고픈 게 많은 그때
배부른 쪽잠같이 나누고 싶었다고,
인간의 굴곡진 명암
지그시 걸은 작가*

* 내 사진의 절대적인 주제는 인간이다. 두 번 다시 재현되지 않을 것 같은 인간의 모습은 사람들의 감동을 자아낸다. - 사진작가 최민식, 저서 『사진이란 무엇인가』 中.

윤수 형님

불종거리 경남 카메라 윤수 형님 계신다
손님은 드물어도 자리 비우는 법 없이
컴퓨터 동영상 보며
한나절 보내신다

이따금 필름 카메라 수리가 찾아와서
돋보기 눈을 빌려 지문을 지운 삯이
절대로 중고 카메라
시세 넘지 않는다

어시장 비린내가 술자리 다그치면
가시로 두른 문을 미련 없이 내리고
전어가 꼬시다신다
보드랍고 기차다신다

손 선생님

고흐의 해바라기 유화를 그려 놓고
시인의 마을인 듯 향기를 가만히 듣는
문화동 천변 주택에
손 선생님 계신다

새벽은 마산 바다, 오후는 청량산에
만보기 땀을 내듯 하루가 숨 가빠도
두 딸이 찾아오는 날
면도부터 챙긴다

곤양은 고향이고 처가는 거제였는데
돌아갈 난을 잃고 수석은 좌대 없이
언제든 떠날 수 있는
살림마저 단출하다

명퇴한 그날부터 촌집 한 채 허공에 짓고
배우에서 시인으로 화가에서 음악가로
막걸리 한 사발이나
참이슬로 사신다

상기 관장

쉰 넘은 맞선에도 간간이 두근대며
중학 감독 서른 해를 벗어날 수 없었던
무쌍의 눈빛 아래로
무상함이 흐른다

한바탕 쏟아질 듯한 하늘 표정 수상하면
저녁 답 인기척이 대낮에 불쑥 찾아
자리를 마련한다고
안줏거리 묻는다

어시장, 창동 골목, 신마산 밥집까지
단골을 어김없이 사위로 맞이하여
천지가 처가인데도
닭띠라 닭은 싫다나

소맥이 제일이라 비율을 생명처럼
한칼에 베지 못한 인연을 숙명처럼
새벽에 해장국으로
수련하는 상기다

서용욱

용호를 출발하여 진동만 한가운데
수평선 줄을 긋듯 축 처진 부표 아래
바다를 그대로 절인
뽀얀 살결 당긴다

아버지 따라나선 뱃일이 수십 년째
그 아비 떠나가도 근성은 여전하여
바지선 오를 때마다 환청이 된 주문

실한 굴 가득가득
겨우내 주렁주렁

모든 게 바다가 할 일
그저 기다릴 뿐

퇴근길
막걸리 그 집 들러
제지내는 내 친구

미장원 그 여자

입 하나 귀 두 개여도 듣는 일이 소원한데
남의 집 가정사와 자식들 진로까지
삼계리 미장원 그 여자
깎는 만큼 말한다

눈 주위 동그랗게 바리캉 지나가며
살짝 덮어져 있는 귀들을 열어주고
머리털 날릴 수 있으니
손님은 입 닫으란다

고개를 끄덕이며 정신마저 감겨 진 날
당황한 기색만큼 휑해진 지붕 마루
여름엔 시원한 게 좋다고,
선수 치는 그 여자

배꼽 찾는 여자

앞무릎 먼저 나온 깔 맞춤 체육복이
서로가 이별해도 살 수 있냐 물어온다
당신이 두고 간 겨울,
이제는 떠났으면

그나마 걷기 정도
뛰는 건 무리수다
봄꽃은 허리 굽혀
바람길을 내주며
배꼽이 숨어있다고,
아직은 멀었다나

지나는 사람마다
힐끔힐끔 배 인사한다
머쓱한 선글라스 초점이 요동친다
바지는 펄럭거리며 야윈 다리 실토한다

미더덕 까는 여자

만만찮은 주름으로 서로를 응시한다
뿌리를 뜯어내고 쭉 당겨 빙글거리며
예리한 손칼 끝으로
밑동을 벗겨낸다

발개진 멍게같이 쭈그러진 미더덕
봄이면 곧추서서 뻘밭에 쓴맛 두고
짭짤한 바다를 우려
한 생을 머금는다

흔하게 널브러져 목숨 박고 살지만
아무나 벗길 수 없는 끈질긴 근성으로
해풍에 쪼그려 앉은
비닐 천막 적요하다

배고픈 시절부터 삼키던 어스름 녘
정박한 어선들이 어둠에 지워져 가도
여자는 머리 숙이고
미더덕을 까고 있다

다림질하는 여자

녹찻물 우린 동안 다림판 펼쳐진다
아직은 이른 때라 정신을 추스르며
그 몸이 뜨거워지듯
다리미 밑이 오른다

허리춤 중심으로 단정히 탁 눕혀서
뭉개진 바짓단을 툭툭대며 당긴 채
까칠한 허벅지 안쪽
단 한 번 쓱 지난다

아무리 다려줘도 남의 편인 셔츠와
난감한 딸애 치마 일하듯 해치우고
마지막 자기 옷만은
빳빳하게 힘을 준다

생각이 많아지는 어제가 남긴 근심
그대로 머물러서 늦어버린 그 여자
누렇게 그을린 무릎
오늘까지 속이 탄다

밭에서 만난 여자

도시의 가로수가 섬섬히 보일 무렵
당겨진 겨울 맞아 부산한 들풀 자리
볕 짧은 가을걷이에 마음 바쁜 여자다

아직은 맷집 좋게 굵은 팔 내보이지만
지독한 목감기로 골골거리는 그 여자
목 천장 피딱지 파편, 얄궂게도 질기다

비뚤게 그은 이랑 똑 닮은 여자 이마
미욱한 밭 언저리 머리끝 서늘하고
끊길 듯 이어진 허리가 앙상하게 굽었다

적단풍 잎새처럼 열 손가락 피를 묻혀
가을은 물드는 시간, 그 계절 윤회하여
기어이 펼치는 인연, 그 여자 숙명이다

산으로 가는 여자

마음 무너져 내릴 때 광려산 들어간다
커다란 나무들은 철든 듯 두런대고
머리를 숙여야 한다,
깨우치는 오르막

헛웃음 새어나오듯 굽은 길 연속이다
잘못 든 그 길처럼 돌들만 발에 차여
적막한 산길을 깨워
길어지는 고해성사

천천히 불어오는 살랑한 바람이다
더디게 벗어나는 그림자 따라가며
풀 향에 정신을 뺏겨
갸웃해진 산 정상

들키고 싶지 않은 속살까지 흥건하다
가냘픈 잎사귀들 햇살에 반짝반짝
일제히 손을 흔든다,
다들 그리 산다고

김 씨

숫눈을 밟아가는 갈지 자 흘림체다
어제의 일당으로 참 이슬 그득하여
한발씩 목숨을 묻는
비장해진 행보다

시장기 오기 전에 닥치는 빚 독촉장
그 손에 들기에는 소주가 제일 만만해
비워서 걱정 없으면
처음처럼 맑을까

아무도 모를 일을 발자국 알고 있다
몇 번을 돌아보며 눈 오길 기다리고
덮어서 모른척하길,
좋은 날이 올까나

노숙露宿

앙다문 척추끼리 안고 있는 사연만큼
어둠이 다녀갔을 굽은 등 더욱 접어
서늘한 구름 사이로
빛 내리는 광장

지나는 눈총으로 멍든 몸 뒤척이고
집 없는 민달팽이 더듬이 젖어가듯
슬며시 멀리서부터
밀려오는 빌딩 그늘

깊은 잠 그곳에는 왁자한 잔치인지
헤벌쭉 씰룩거리며 입맛을 다셔가는
공연장 관람석 계단
이불이 된 가을볕

귀 밝은 부처인 양 바람에 쿨럭이고
대웅전 용마루로 팔짱 낀 어깻죽지
단단히 버티고 누워
삼매에 든 저 와불臥佛

내가 사는 곳

무수히 솟아나도 반항하지 못하는 땅
구름이 성형해도 절로 서명한 하늘
단출한 세 줄 글 쓰며 내가 끼어 있다

중리역 中里驛*

흙먼지 폴폴대던 어릴 적 중리역이
신도심 그림자로 밀려난 지 한참 되어
무심히 지나가면은
가뭇해진 곳이다

몇 산을 뛰어넘어 바다와 들판 옮겨
한때는 넓은 광장 무성히 펼쳤는데
황망히 가신 아버지처럼
장날마저 데려가

통일호 비둘기호 무궁화호 이름표로
때맞춰 오던 승객 사라지고 뜸해져도
백 년을 넘겨온 고향역,
내내 서서 기다린다

---

* 경상남도 창원시 마산회원구 내서읍 함마대로 2803-3 (중리) 소재, 1923년 12월 1일 경남선의 마산-군북 구간이 개통하면서 보통역으로 영업을 개시하였다.

성호초등학교

신도심 담 밖으로 밀려난 국민학교
비탈진 언덕에서 꼬부랑 에움길로
바다는 너무 멀어져
무학산에 안부 묻고

백 년을 디딘 자국에 다시 잎은 돋아
말갛게 웃는 소리 담쟁이 감고 가는
그 질긴 목숨 배워서
층층이 쓸고 닦고

산그늘 내려앉은 운동장 끄트머리
숨었던 졸업생이 한꺼번에 몰려오면
뭐라고 답해야 하는지
우두커니 선 갈나무

가포 봄길*

가보지 않고서도 나는 기억한다
한기에 몸을 섞고 바다와 살면서도
외로운 한 사람쯤은
안아줄 수 있는 곳

키가 큰 벚꽃들이 서둘러 피기 전에
태양을 열애하여 눈을 뜬 동백들이
마침내 속내를 펼쳐
뜨겁게 피어나는 곳

산마루 둥그런 달에 모두가 기쁜 봄밤
내 맘은 가만가만 네게 가 닿는다
그리움 수 없이 피고,
또 피어서 지고

* 창원시 마산합포구 덕동에 있는 가포로길로 동백과 벚꽃이 조화를 이뤄진 길이다.

지금, 창동에 가면

그 예전, 영숙이가 술 사달라 유혹하던

네거리 이 층 카페엔 임대가 팔랑거려

아무리 기다려 봐도 손님은 오지 않고,

닳아진 골목길은 고양이가 주인행세

배불러 방방이던 룸살롱 간데없이

늙다리 또래 친구들 족발집만 드문드문,

도심은 재생해도 사람은 돌릴 수 없어

맥 빠진 예술가는 붓질이 거칠어져

여백의 창동 한복판, 사람이 그리워진다

자화상
― 소굴

서랍에 숨겨두었던 어스름 깔려오면
골목에 출몰하는 자화상 한 폭 있어,
아집 센 걸음걸이는
여백을 찾아간다

단골의 텃새인양 주문은 짧아지고
초록 병 들이키며 내 모습 베껴보면
도도한 불빛이 어려
불그레한 얼굴로

채워진 기름내는 덧칠한 유화 같아
의지는 덜 마르고 목젖도 축축해져
어슬렁 마실을 가서
흰 연기 길게 뿜고

헛헛한 인연들은 오래갈 수 없는 법
조금씩 기울어지는 달의 각도를 따라
물먹은 사진 한 장이
전단지로 뒹군다

의령장

항구나 역도 없고 고속도로도 저만치인
옹골진 의령에서 손 흔드는 오일장
다섯 해 더 헤아리면
백 년 동안 장이 선다

벼랑을 뒷짐 지듯 큰 바위 어깨 걸고
의병장 백마 한 필 봄 하늘 차고 오르는
정암진 의령 관문이
장엄하게 맞는다

의령천 쭉 따라가 남산과 북산 사이
기세 찬 물소리가 바람의 살을 녹여
겨울의 냉동고에서
환한 봄을 꺼낸다

화전에 눌러 봉인한 진달래 낙관으로
닥종이 따라 나온 봉수에서 궁유까지
꽃잎에 머금은 한이
근황을 되묻는다

소

의령에서 합천 가는 아홉 사리재 초입 텃밭
할배가 멍에 차고 할매가 쟁기질한다

밭골에 움푹 드러난
소멸의 현장이다

마지막 한 마리는 끝까지 남겨둘걸
툭 던진 혼잣말에 채근하는 한 마디

'참기름 달랑 챙기는
자식놈이 웬수다'

사려니숲길

발밑은 초록으로 토시를 하고 있다
축축하고 볕 들지 않아 이끼와 이웃 되어
말쑥한 키 큰 삼나무
밑동부터 수런댄다

낮고 축축한 섬 오름 싸늘함을
돌들도 알았는지 거칠고 미끄러워
한사코 나를 거부하듯
더듬대며 걷게 한다

척추만 남아있는 여름의 수국 무덤
흩어지면 한낱 잡초로 뽑힐까 두려운지
겨우내 한데 꼿꼿이
살아있다고 손을 든다

앞사람 뒤따라도 좋을 것만 같은 날에
잎새로 쏟아지는 아침 햇살 빗금 친다
내 마음 그곳에 두고
신성한 뼈로 나온다

제3부

강물을
울리지 않고
건너가는 배 없다

부추

무던히 베어내도 다시 자란 촉수들은
보푸라기 날리듯 구자$子$ 몇 알 남기고
겨울엔 팔을 잘라서
비늘줄기 뻗는다

깜깜한 봉분에서 초록 피 수혈하여
소풀로 살아왔든 정구지로 살아왔든
서울로 염습을 옮긴
그들 모두 한 몸이다

푸성귀 조연으로 숨죽인 주연으로
맵거나 쌉싸름한 목숨값 품삯으로
잇새에 꼭 들러붙어
그 봄 딱 잡는다

수선화

겨울을 건너오신 당신께 여쭙니다
바람의 뼈를 숨긴 깜깜한 적막으로
그 맨땅 볕 들지 않고 눈도 녹지 않는데

맨발로 혹한 견딘 저 밑동 꾹꾹 눌러
반갑게 인사하는 눌변의 초록 꽃대
손 받쳐 기지개 켜며 화사하게 웃네요

그늘에 쉬엄쉬엄 내버려 두라네요
늘 곁에 있으려면
먼 길을 떠나려면
저 혼자 단단 해져야
오래 피어 있다네요

파꽃

어둡고 메말라진 계절을 이겨내며
희디흰 잔뿌리가 묵은 밭 뒤꿈치 들어
움파는 세상 밖으로
갸웃하며 눈 뜨고

덜자란 물관이라 희미하고 가냘픈 길
대롱을 비워가며 제 몸을 먹여서도
언제나 높은 곳으로
치켜세운 그 꽃대

튼 손에 오그리고 숨었던 알싸한 내음
장국에 바락바락 주무른 정성으로
단내가 녹진한 풀빛,
하얗도록 견뎌 서

빈집 터 담벼락에 기대 쉬는 당신의 등
밑동에 솔기 터진 스웨터 내력처럼
어머니 구름을 따라
아득한 길 떠난다

토마토

때깔이 서로 다른 채소가 맞는 아침
흙들이 어깨 겯고 줄기를 곧추세워
토마토 몇 알을 보낸
그 내력을 더듬는다

얼굴은 둥그러니 발갛게 물이 올라
싱싱한 생명이 피톨로 잘려 나며
내 안을 가득 채우는
네가 나의 활력소

으깨진 과육들이 뽀그르 끓어가며
단맛은 끈끈하게 뭉근히 졸여져도
네 심성 변하지 않아
오히려 더 스민다

너 떠난 그곳에는 새움이 나올 테지
초록의 손을 뻗어 붉어진 새 방울들
아침을 지켜줄 거라
약속하는 토마토

음식, 사랑이다

나이가 듦에 따라 그릇이 투박하고
마음을 담아내는 재료가 담백해져
미루고 외면한 것들
남길 수가 없어진다

보기에 맛있어도 향기가 유혹해도
웃소금 덮어두듯 애써 감춘 그리움
불현듯 지나 버리고
만약에 그때라면

투정이 만만해져 몸에 밴 무덤덤이
시들어 상해가듯 당신은 지쳐가고
여전히 바라보고픈
욕망만 가득 차서

이제는 버릴 수도 같이 갈 수도 없어
난망한 물음들과 간이 없는 대답들만
탁자에 정물로 앉아
요리할 수 없는 때

여름 풍경

새뜻한 연초록 순 담벼락 넘어오면
바람은 맹렬하게 구름을 밀어내고
별안간 덮친 장대비에
떨어진다,
장미꽃

몸속에 붉은 피가 태양을 시기하여
여인은 나이 들수록 립스틱 짙어지고
세월의 바깥에 서길
펼쳐 든다,
큰 양산

가려도 잎새 틈을 비집는 매미 소리
간절히 소망하다 제풀에 가든 말든
분수대 한가운데로
뛰어간다,
아이들

폭우

버티던 바지랑대 팽개질하는 빗줄기
맨땅에 처박히며 관현악 연주한다
튕기다
쏴락거리다
쿵쾅대다
꽂는다

거미줄 물방울이 더는 못 버틴다고
둥글진 맑은 눈으로 허공에 삿대질하며
집 한 채 허물어지는
현장을 목도한다

사람도 가난하게 만드는 저 불한당
풀어진 목줄처럼 온 마을 헤집고서
아무 일
없다는 듯이
입
쓱
닦고
가는 놈

입춘

아직은 멀었다고 시퍼런 하늘이다
산꼭대기 맡겨놓고 가버린 심상이다
발 동동 코끝이 시린
빙하에 앉아 있다

바람이 한몫하여 틈새를 비집는다
한기를 메우려고 열풍기 시뻘겋다
구석에 냉난방기는
따라잡기 버겁다

어둠은 차츰 늘어 술자리 빨라진다
뜸해진 인기척에 통장은 하얘진다
이 밤을 이길 수 있는 건
어두워진 두 귀뿐

목소리 커지는 건 귀가 어둡기 때문이다
모른 체 하고픈 달
야위고 서늘하여
거꾸로 매달린 입춘,
풀기마저 얼고 있다

곡우

너무 못나지도 잘 나지도 않은 나에게
입춘과 경칩 사이
살얼음 녹이며
새벽녘
택배로 오는
그대 마음의 온도

뿌연 구름 풀어 빚은 부슬거리는 는개
삐죽한 주둥이로
겨드랑이 간질이며
내게로,
내게로 오는
아, 연초록 서정이여

하지

산들은 둥글어서 고요히 누웠는데
빌딩과 아파트는
예리한 각을 세워
정오의
해그림자를
벼랑 끝에 떨어뜨리고

가려도 내리긋는 불볕에 흠뻑 젖어
헐거운 천막 안은
아찔한 염열지옥
바람도
걸음 멈추고
그 현장을 목격한다

입추

소소한 여름 일이 가을로 넘어간다
비바람 아침 햇살, 성가신 출근길도
같은 듯 달라져 있는
잎들을 생각한다

어제의 불안감은 오늘에 이어진다
뜸해진 발걸음이 배고픔 대신하여
커피는 내게 들어와
쏜살같이 달아난다

여전히 무더운 날, 안팎의 경계 없다
온종일 돌아가는 선풍기 날개처럼
나 혼자 앉았다 서다
지루하게 반복한다

필적할 그 무엇도 찾지 못한 퇴근길
건들 팔월이라 쉬어가라 위로하듯
막걸리 한 사발하고
등목으로 삭힌다

논문 작성법

왜 쓰나 무얼 쓰나
명분을 찾아야지
이미 있는 논리에 시비를 걸어가며
끝까지 끌고 가야지
그 이유를 찾을 때까지

온라인 오프라인 다 찾아 담아놓고
책마다 포스트잇 맛집 가듯 줄을 서서
칸칸이 목차를 따라 제 집으로 옮겨가며

부사와 형용사는 한동안 여행 보내고
내 말을 증명해 줄 각주의 개수만큼
진득이 한 몸이 되게
밤새 쓰고 고친다

그래도 늦지 않다

달팽이 지나가면 등 떠밀지 말라 한다
저만의 요량으로 가야 할 곳을 알고
좀처럼 쉬는 법 없이
땀 흘리며 구른다

담쟁이 벽을 따라 위로만 올라간다
한 땀씩 순을 늘여 짙어지는 초록으로
곡선의 갈지자 궁리
당겨서는 안 된다

두 발로 버티고서 넘어지지 않으려고
안달한 욕망까지 앞으로만 달려간다
멈춰서 쉬어간다고
달라질 것 없는데

천천히 바라보면 뜨겁게 보이는 시간
더 높이 더 멀리서 구름이 알려준다
사람만 할 수 있는 게
하늘을 볼 수 있다고

채식주의자
 - 영혜

1.
꿈이 알려준 내 존재 찾기 위해
채식을 결심한다
붉은 피를 빼내고
비로소
내 몸에 돋아나는 초록의 잎사귀

2.
발칙한 상상력이 현실로 되었을 때
감당할 수 없는 인간의 추한 욕망
나만이 미쳐있는 줄,
다 그런지 몰랐다

3.
선과 악 헝클어져
내 몸은 물구나무 중

나를 위한 몸짓도
너를 위한 불꽃도

뿌리를 내릴 수 없는
허공에 살고 있다

책맹인류*

말하지 않고서도
살아갈 수 있다니
낯선 활자보단 휴대폰 만화 보며
아이는 당장 급한 게 없는 사이버 세계 산다

무엇을 가르치지
어떤 게 재미있지
몸끼리 부대끼는 호기심 뭔지 몰라
아이는 몇 안 되는 단어로 돌려막기 한창이다

질문은 적어지고
대답도 짧아지고
마주 보며 주고받는 대화가 뜸해진다
아이는 생각이 멈춰 글자들이 도망간다

* 읽을 수 있는 능력은 있지만, 책을 읽지 않는 사람을 뜻하는 '책맹(册盲)', EBS 다큐멘터리 제목.

퍼펙트 데이즈 Perfect Days*

태어나 사라지는 무와 무 사이에서
사람으로 살아가던 하루를 닫을 시간
외로운 그림자 늘여 까맣게 밤 내린다

아침을 빗질하는 소리가 일으킨 하루
오래된 팝송 깨워 필름 카메라 흔든 나무
일상의 반복 속에서 햇살이든, 비 오든

단골집 하이볼에 단출한 식사까지
헌 소설 페이지가 하루를 마감하듯
책 덮고 안경 벗으면 돌아가는 테이프

문득, 평정 깨진 인연이 눈물 바람
아무리 숨겨봐도 추억은 따라붙어
무와 무 그 사이에서 살아가는 하루다

* 빔 벤더스 감독, 야쿠쇼 코지 주연의 2023년 영화.

이처럼 사소한 것들*

소박한 눈언저리 시름이 깊은 나날
겨울의 한기로도 새하얀 눈으로도
무심히 덮을 수 없는 거대한 벽 마주한다

어릴 적 막막함을 다시금 되살린다
갑자기 고아 되어 이웃이 키워준걸
연민의 보살핌으로 살 비비고 사는걸

안락과 쇠락 사이 그 길은 가파르고
씻어도 벗겨내도 삼킬 수 없는 진실
용기가 필요한 것은 나를 위한 것일지도

마지막 크레딧은 담담히 꾸짖는다
일상의 모든 소리 저 혼자 울지 않아
이처럼 사소한 것들
종 울린다, 울린다

---

* 아일랜드 출신 작가 클레어 키건의 소설을 원작으로 하는 아일랜드 영화.

절규 Skrik

절규하는 뭉크를 꼭 한번 안아주고 싶다
고통이 흘러가는 피오르 강변에서
오늘은 혼자가 아니라고
걸어 나온 당신을

겨울은 묻힌다고 이상하지 않은 계절
누이도 어머니도 노을빛 자연 속에
오늘은 혼자가 아니라고
안아주고 싶다

파문波紋*

검먹은 남편 먼저 가출을 결행하고
아들도 핑계 대며 떠나간 정원에서
그 여자 옭아 가두는 모래 파랑 고산수**

갱년기 열불 나듯 일상은 불안한데
진실은 파묘되어 과거가 살아와서
누구나 숨기고 싶던 속울음이 흐른다

정적과 파동으로 팽팽히 버티다가
비로소 다 보내야 쏟아지는 장대비
여자가 행복 하려면 홀로 가야 하는지

발걸음 경쾌하고 격렬한 플라멩코
숨겨져 더욱 붉은 욕망이 타오른다
우산을 집어 던지고
춤을 추는
저 여자

* 오기가미 나오코 감독, 츠츠이 마리코 주연의 일본 영화.
** 가레산스이(枯山水, かれさんすい, Japanese dry garden, Japanese rock garden, zen garden)는 일본정원이나 일본화의 양식 또는 방식의 하나이다. 물을 일절 사용하지 않고 돌과 모래 등으로 산수 풍경을 표현하는 일본의 정원 양식이다.

고래
– 반구대 암각화

긁어낸 자리마다 수억 년이 보인다
담록색 혼펠스와 암갈색 진흙 덩이
고래는 낮게 유영하며
층을 지어 숨어있다

살기 위해 던져대던 날 선 돌도끼는
단단한 벽 속에서 서늘한 전율로 와
고래는 앙상한 몰골로
두 눈을 뜨고 있다

팽팽한 대치는 오늘도 긏지 않네
사람은 목이 타서 제방을 쌓고 있고
고래는 물에 갇혀서
몸 둘 데가 없고

신우해이어보 新牛海異魚譜*

백악기 공룡 발톱 긁고 간 창포만 골
거칠던 풍랑마저 곰삭아 흘러내려
목숨을 마름질하는
바지런한 갯마을

유배진 노을 구름 서녘에 닿을 때까지
하찮은 어패류를 일일이 작명하여
공존의 연판장 위로
선연하던 먹물 빛

무덥고 축축하니 해무에 밀려와서
그때나 지금에나 질식한 정어리 떼
부르튼 등을 뒤집어
묵상하는 배 한 척

슬픈 눈 짓부릅뜬 늙은 소 닮은 어부
쭈그렁 오만둥이 오도독 씹어가며
이울은 우해 바다를
도감圖鑑으로 전한다

---

* 우해이어보(牛海異魚譜): 김려(金)가 우산(牛山) 앞바다 우해(牛海, 지금의 진동 고현)에서 1803년에 저술한 실학서. 최초의 어보(魚譜).

먼바다가 전하는 소식

지중해 가자지구, 흑해의 크림반도
꺼지지 않는 불이 점령한 지 오래다
탄환은 바다 밑으로
쉬지 않고 달린다

밤이면 섬광으로 참혹한 불꽃 피고
아침엔 아이들의 팔뚝에 피 흐르고
격랑의 세상천지에
사람들은 사라진다

장갑차 낸 자국에 가슴이 패인 날들
염병처럼 번져버린 결전의 현장에는,
아무도 승자는 없다
신들도 전범자다

사할린 비보悲報

첫눈 내리려나
싸각싸각 바람 부는 날
신부를 구해준다는 남루한 현수막이
구름 낀 시골 길가에 펄럭이고 있다

이곳에 너무 오래
머물러 있었나 봐
찬 바람 맞으면서도 뿌릴 박고 싶었지만
아무리 몸부림쳐도 매양 나는 그 자리

수 없이 두드려도
참고 기다려도
아무런 기대 없이 눈은 내려서 녹고
경계를 지워가면서 눈은 내려서 녹고

다마스쿠스

이윽고 찾아오는 하늘 다 태운 저물녘
풀어진 노을빛은 대장간 용광로 속
찬물에 담금질하며
전설을 내뿜는다

허공을 사정없이 곡소리 꽉꽉 메워
겹겹이 층을 합쳐 두들겨 새긴 물결
중세의 이슬람 제국
전사를 소환한다

굵다란 핏줄 따라 장마는 추적대고
굽이친 선과 선이 망망대해 길을 열듯
현세의 독고다이는
힘을 다해 싸운다

쇳물에 푹 불려서 흠씬 두들겨 맞아
수만 번 부딪혀도 깨질 수 없는 진실,
강하게 살아남아서
증명하는 칼이다

시간의 강을 건너는 배*

어디서 시작하여 여기까지 왔습니까
눈물이 적신 땅을 지도로 그려가며
한편에 기울 수 없어
부단히 노를 저어

아슴한 사연들을 메꽃은 안다는 듯
나팔로 들려주며 들풀로 기워내고
간간이 겨드랑이에
살근살근 치대며

가야 할 항구 먼데 노을은 이미 깔려
갈대의 배웅마저 아득한 나그네여
강물을 울리지 않고
건너가는 배 없다

* 국립 김해박물관 전시.

반달

길들이 집으로 가는 어둑한 저녁이 오면
먼 별은 슬며시 하나둘 찾아와서
환해진 하늘 가운데
섬 하나를 세운다

네게로 가는 길은 희부윰한 젖빛 안개
오로지 한결같은 옆모습 정갈하여
좀처럼 머뭇거리고
서성대지 않는다

산마루 그러안고 서거나 누웠거나
저만의 보폭으로 한 생을 마름질하듯
반원의 종점을 향해
뜨거운 손 잡는다

제4부

그 풍경
가위질하여
어쩌자고 가져와

파도

당신은 단 한 번도 멈추지 않는다

하루에 두 번씩 왔다가 밀려나며

가슴을 열어 보이고

닫기를 반복한다

날마다 달리하는

신비한 저 해안선

바다는 단 한 번도 기다리지 않았는데

당신은 멀어지지도 붙어있지도 않는다

안개

혼자서 이른 새벽
그곳을 가 보았다
예전에 부푼 마음
오늘까지 데리고 와
천천히 안으로 슬어
밀려오면 눈 감고

그동안 무수히도
남몰래 다녀갔을
너를 떠올리는 것은
나의 서툰 사랑 고백
그대 숨, 낮게 깔리어
알아채지 못하고

쪼그려 앉았는지
덩그러니 서 있는지
모두가 희부옇게
분간을 할 수 없이
그때나 지금 오늘도
덮고 가는 저 무시

고욤나무

시작은 너였으나 감당할 수 없었다

가만히 서 있으면 새들이 날아오고
날개가 저절로 솟아
가지 많은 숲이 되어

자랑도 아무것도 하지 않아야 살 수 있다

크지도 달지도 않고 적당히 손을 타서
휘영청 그림자 몰고 오랫동안 남아서

윗동네 덕남이와 달 뜨면 만나던 곳

몇 번은 태풍 와서 몹시 세찬 비바람에
어디로 시집갔는지 그 나무는 알라나

지금도 고향 언덕에 떡하니 버텨 서 있다

수피는 꺼칠하게 더덕더덕 갈라지고
모든 걸 겪었다는 듯
말이 없는 고욤나무

바다를 붙잡다

어쩌면 내 습관이 잘못된 것일 거야
말에도 인색하고 행동도 서툴러서
속마음 들킬지 몰라
조바심이 앞서는 게

바다를 붙잡고서 시간을 물어본다
언제쯤 곁에 있다 지우고 떠나냐고
무심한 회색빛 바람,
싸늘하게 지나가고

내일은 그나마도 북서풍이 쉰다지요
유난히 포근해진 날씨 탓만 하면서
찢어진 허연 파도에
눈만 시린 계절이다

저녁의 연인

왼쪽 눈 실핏줄이,
보고파서 터졌다
마음은 오래도록 안으로 쓰다듬어
향기는 듣는 것이라
한참이나 기다려

눈감아 두터워진
하루가 잠이 들고
잎들이 떨어져서 이불을 깔아주던
그 풍경 가위질하여
어쩌자고 가져와

저녁의 연인들은
서로 부르지 않아도
가야 할 곳을 알고 재촉하지 않는다
별들이
몇 개씩쯤은
떨어져
내릴 때까지

그 여자 바람

갈대가 할 일 없이 버스를 배웅하듯
야물지 못한 것과 담담히 이별할 때
그 여자 등 떠미는 건
순전히 바람 탓이다

지독한 그리움이 그늘을 쌓아가며
말문을 닫아버린 하루가 저물어 갈 때
거리로 배회하는 건
여전히 바람 탓이다

아무리 군중 속에 고립을 자처해도
선명한 빛줄기는 일시에 달려들어
가슴이 벌렁거리는 건
길든 바람 탓이다

어느 멋진 날

수매미 세레나데 귓바퀴 맴을 돈다
여름은 이미 가고 가을이 와 있는데
흥건히 젖은 가로수
대놓고 연애하는 날

시월이 오지 않아도 멋진 날 길을 내고
전깃줄 볼멘 투정 시샘하는 구름까지
바람은 우쭐대면서
몰려가는 저 골목

서늘한 그림자가 햇발을 녹여가듯
한 움큼 툭 떨어져 덤덤히 헤어지는,
속눈썹 짙어진 장미,
초록 잎 무릎 꿇린다

사랑을 꿈꾸며

오늘은 여기까지
내일은 좀 더 깊이
사랑이 계획대로 갈 수가 없어진다
쉽사리 이뤄진다면 사랑이 아닐지도

야릇한 표정에서
까칠한 말투까지
당신의 질문마다 나 혼자 난감해져
외로운 절벽을 내려 블랙홀 빠져든다

그곳은 안녕한지
언제쯤 다다를지
일정을 알 수 없는 항해를 계속한다
영원히 잡히지 않는 비록 신기루일지라도

연착 延着

걱정이 빗물 되어 푹 젖은 내 비행기
떠나야 할 시간은 이미 지나버려
도착을 기다리는 곳에선
얼마나 안달할지

대기장 머뭇대던 동체가 미끌린다
빗속을 뚫고서도 앞은 보이지 않아
잿빛의 먹구름 뭉치
온몸 휘두르고

해지는 항공로를 웅웅대며 울고 난다
비상구 틈 사이에 찔끔댄 눈물방울
체념이 생겨난 건지
허공중에 매달려

떨어진 꽃잎처럼 활주로 내려간다
마음껏 들뜰 수 없어 미안함이 앞선다
당신이 힘드실까봐
걸음이 빨라진다

이별은 이유를 만들고

그날은 왜 그랬어, 퍼즐을 꿰맞추듯
조곤조곤 채근하는 의심의 눈초리에
이별은 기정사실로
구차해진 변명만

하얘진 도화지에 민망히 서성대듯
허술한 공여자의 구상은 단출하여
이별은 정해진 수순
상대적 박탈감만

내가 꿈꾼 사랑은 이런 게 아닌데요
뭉클한 기적들의 여운마저 흐릿해져
사랑은 말이 필요 없지만
이별할 땐 이유가 생긴다

잃어버린 동전에 대한 분노*

동전이 떨어져서 빠르게 질주한다

애먼 호주머니 탓하며 쥐어뜯고

나와의 뜬금없는 이별,
흔히 있는 일인데

맨홀 바닥에서 번득이는 너의 존재

못다 쓴 악보처럼 눈빛은 허둥대고

분노는 예견된 슬픔,
혼자서는 추웠다

* Die Wut ber den verlorenen Groschen, ausgetobt in einer Caprice 는 루트비히 판 베토벤에 의해 쓰인 피아노 곡.

란蘭

백석이 구마산역 선창에서 명정골로
설레는 가슴으로 란이를 찾아갔던,
바다는 몹시도 괴어
짙푸르게 물들어

동백이 떨군 피로 봄 멍게 허들시리
연화도 흐득흐득 절벽 따라 울음 우는,
더 오래 참고 기다리면 별빛으로 오려나

내 란이 보고 싶어 몰려간 새벽안개
내 란이 살고 있을 통영의 어느 섬에,
아직도 미련 못 버린
첫사랑이 출렁인다

오후 네 시

사십 갓 넘긴 여자
오십견 진단받고
섬에서 나온 지도
몇십 년 되지 않고
어깨로 안은 것도 작은데
왜 나한테 오냐고

이렇게 사는 것이
다 세상 탓이라고
오지랖 넓은 탓에
남 고민 다 들어주고
온종일 아픈 에고는
반평생을 버텼다고

농담과 진담 사이
하루가 마감되고
사무실 가는 길은
머리까지 아려오고
바다를 건너온 유년,
짓누르는 오후 네 시

안나 카레니나에게

서序.
한 달을 꽉 채워서 당신에게 빠져 있다
혼자서 두툼하게 마음을 다 내주고
러시아 제정 시대로 찾아가는 행로다

1.
어느 날 귀가하는 남편을 보는 순간
왜 저리 생겼을까
생각이 많아지면
여자는 다른 남자를 연모하고 있다는 것

2.
그대와 함께 할 때 살아있음을 느낀다
사랑을 주는 것
사랑을 받는다는 것
온전히 사랑한다는, 생기 넘치는 절정

3.
충만한 꽃밭도 겨울엔 황량하다
사람과 사람 사이
고립을 자처하고
의심이 확신을 키워
물어보고 또 묻고

4.
볕뉘가 다녀갔을 그늘이 짙어진다
오직 한 사람만,
한 사람 사랑한 게
죄일까, 엇갈린 기찻길에
나를 던져
영원할까

첫사랑

첫눈은 해가 바뀌어도 어김없이 내리네요
남녘의 바닷바람 텃새처럼 불어와서
눈사람 남기지 못하고
사라지며 묻히고

흙먼지 빛을 가려 녹아서 마르기 전
까맣게 잊어왔던 그대를 소환하네요
당신이 처음이에요
나를 다 보였어요

햇살이 고백으로 귓불에 전해지면
수신을 알 수 없는 사랑이 맴도네요
그대를 찾아가네요
하늘에서 땅으로

짝사랑

눈에서 멀어지면 마음에도 멀어진다는데
그런다고 꽁꽁 묶어 둘 수나 있든가요
느슨한 관계의 줄이
어쩌면 좋을 수도

마음속 저 혼자만 비밀을 숨겨 두고
남몰래 기다리는 것은 외롭고 힘든 일
언젠가 온다는 것을
어떻게 믿을 수 있나

무거운 바윗돌을 마음속 얹어 놓아
한 번쯤 물어볼까 신앙은 무심하여
저 멀리 소나기구름,
하늘 먼저 답한다

행복해서 슬픈 이

행복해서 슬픈 이의 뒷모습 보셨나요
어쩌면 오고야 말 당연한 결과라서
그렇게 사랑할수록
내가 손을 놓아요

슬프게 목이 쉬는 파도의 자맥질도
시간을 부여잡고 해안선 숨 고르듯
얼굴을 지워가네요
언제 그랬냐고

우주가 하는 일은 바람과 물 같아서
운명은 얄궂게도 또 다른 실을 잡고
오늘도 깁고 있네요
갖지 못할 사랑을

어린 왕자

내가 사는 지구는 외로워 몸살이다
간직한 추억들이 뿌리를 짓눌러서
그 자리 붙들린 채로
겨울을 나고 있다

하늘에 물어보고 손을 뻗어 보지만
새하얀 눈송이는 눈물을 쏟아내며
그만의 대사량으로
쉬엄쉬엄 앉는다

오늘도 혼자인 게 그리움의 연속이다
기다리고 기다리다 지구 위 걸어가면
사랑이 성큼 올까요,
나만의 어린 왕자

빼빼로

편의점 진열대에
수북이 쌓인 빼빼로

이맘때 만났고
이맘때 헤어졌다

굵지도
두텁지도 않은
부스러기 인연들

유자

급하게 뛰어서 탄 엘리베이터 배인 향기

어딘지 익숙한 듯 되감는 속된 기억

먹먹한 노랫가락이 아슴푸레 들린다

끈적한 그 밤에는 모든 게 정지되어

눈길 주는 대로 치마폭에 감겨들고

희멀건 곰팡이 자국도 꽃처럼 아름다워

끝끝내 달고 나온 유혹의 거친 폭풍

물기가 마르지도 않은 샤워기 부스에서

정신을 번쩍 들게 한 그날 밤의 유자 향

모두가 니탓이다

어젯밤 술취해서 문자 보낸 거, 니탓이다
감정이 달아올라 순식간 일어나서
나로선 어쩔 수 없는
선택의 결과였다

오늘까지 숙독은 나를 괴롭힌다
덜 여문 손끝마다 무서운 뒷감당이
좀처럼 물러서지 않는 것조차 니탓이다

알량한 자존심과 허울을 못 버린 채
말수가 많아지고
실수가 잦아지고
하루가 온전치 못한 것은
모두가 니탓이다

일요일

그대 빈 쉬는 날은 그리움도 연장됩니다
권태와 게으름이 습관으로 들러붙어
온종일 당신 생각뿐
할 수 있는 게 없습니다

주중의 일들이 휴일을 쫓아옵니다
내려놓아야 할 짐이 가슴을 짓누르고
가물은 겨울 한복판
목이 마른 날입니다

내 탓만 할 수 없습니다
당신 탓도 아닙니다
잠시 쉬어가라고 서툴게 위안합니다
그래도 당신이 계셔
참 고마운 날입니다

| 해설 |

사랑의 힘으로 번져가는 선연한 사유와 기억
– 이경주의 시조 미학

유성호(문학평론가·한양대학교 국문과 교수)

1. 심원한 내면과 원숙한 시선이 들려주는 미학적 진정성

새로이 출간되는 이경주 시인의 시조집은 시인 자신이 겪은 남다른 경험에 대한 예술적 잔상殘像에 의해 형성되고 전개된 미학적 결실이다. 그의 시조는 시인의 몸 속에 새겨진 수많은 기억을 통해 심층적 감동을 건네면서 선명한 언어적 상像을 각인해간다. 우리는 시인이 충실하고도 고유한 음역音域을 통해 삶의 보편적 가치를 전달하는 미학적 진정성을 만나게 되고, 나아가 지난날에 대한 강렬한 기억에 바탕을 둔 시인의 경험적 구체성을 응시하게 된다. 이경주 시인은 이러한 기억의 과정과 결과를 밝고 아름다운 문장으로 실현함으로써 어둑한 세상을 밝히는 등불 역할을 적극 수행하고 있다. 그 안에는 뭇 사물이 서로 연결되어 생명을 품어 기르는 과정에 대한 기억이 흐르고 있고, 사랑하는 이들을 향한 한없는 믿음과 그리움이 가득 담겨 있다. 또한 시인은 긍정의 시선으로 우리 삶을 관찰하고 자신이 치러왔던 실존적 시간을 저류底流에 흐르게 하고 있다. 비상한 열정으로 정신적 깨달음의 차원을 개척해가는 자기 긍정 과정을 낱낱의 실물감으로 보여준다. 시인

스스로 오랜 시간 뒤척이고 가다듬으며 갈무리해온 시적 지향의 궁극적 결실이 이러한 과정을 통해 풍요롭게 귀납된 것이 이번 시조집이라고 할 수 있을 것이다.

이처럼 실존의 상처에서 새로운 인생론적 해석으로 그 방향타를 선명하게 바꾸어가는 이경주 시인의 방법론을 만나면서 우리는 뭇 사물을 포용해 들이는 그의 심원한 내면과 함께 세계를 받아들이는 원숙한 시선을 발견하게 된다. 그만큼 그의 시조는 마이너리티의 권역에 머물러 있는 정형시의 특성을 완미한 형식과 내용으로 결속해낸다. 그가 서정시의 소통 가능성을 부드럽고 친화력 있는 소재와 어법으로 구현하였기 때문일 것이다. 그리고 그의 시편에 원용된 소재들은 한결같이 삶의 밑바닥과 근원을 동시에 환기하는 상관물로 기능하고 있다. 자연 사물 자체를 물신적으로 절대화하거나 복고적 기억 속에 머무르려는 경향과 그의 시편이 갈라지는 지점이 여기일 것이다. 그래서 우리는 진리를 탐색하는 기억술을 섬세하고도 다양하게 보여준 그의 시편들을 오래도록 이야기할 것이다. 그 안에 구현된 궁극의 원리는 말할 것도 없이 대상을 따듯하게 응시하고 안아들이는 사랑의 힘일 것인데, 이제 그러한 웅숭깊은 정형 미학의 세계 안쪽으로 한 걸음씩 들어가 보도록 하자.

2. 성속일여聖俗一如와 비승비속非僧非俗의 경지

우리는 사물을 이해하는 과정에서 언어의 역할이 불가피하다는 사실에 동의하게 된다. 대상을 관찰하고 거기에 형상을 입히는 작업을 통해 사물의 본체는 언어의 굴절을 받아들이면서 자신만의 구체성을 가지게 될 것이기 때문이다. 이때 불가적佛家的 상상력이 큰 역할을 해온 것은 한국 서정시의 숨길 수 없는 모습이다. 물론 그것은 때로는 명료한 기표로 때로는 숨겨진 침묵으로 나타난 바 있다. 이경주 시조는 비非언어적 마음을 유지하는 데서 언어를 비껴간 침묵을 통해 명상하는 것이 그러한 사유의 중요한 형태임을 입증하는 사례로서 돋올하다. 그만큼 시인은 이러한 언어적 비밀을 품어 안으면서 언어로는 표현할 수 없는[不立文字] 것과 언어를 떠나서는 표현할 수 없는[不離文字] 것을 동시에 표상하고 있다. 이렇게 표면적 기능의 경계가 지워져버린 마음을 '무위심無爲心'이라고 할 만한데, 이경주 시인은 우리의 가시적可視的 분별이 사라진 '무위심'을 바탕으로 하여 자신의 시조를 넉넉하게 써간다. 그렇게 시인은 자신의 실존적 기율이기도 할 이러한 불가적 상상력을 충실하게 따라가면서 독자적 시선과 언어를 배열해간다. 내면의 침묵을 일깨워 더욱 보편적인 언어로 나아가는 고투의 순간을 기록하고 있는 것이다. 다음 시편을 먼저 읽어보자.

> 왜 절에 왔냐고 물어보지 않는다
> 매듭이 얽히고설킨 실타래 한 짐 지고
> 저무는 햇빛을 캐며
> 묵묵하게 나선 길
>
> 오르막길 같기만 한 무거운 인연들
> 쉽게 끝내버린 내리막길 인연들
> 다 잊고 새로워지려
> 나를 찾아왔는데
>
> 여기서 한 달쯤은 지나가는 바람으로
> 그 바람 일 년쯤은 냇물로 흘려보내면
> 풍경의 청아한 소리로
> 맑아질 수 있을까
>
> 후박나무 잎이 가린 이끼로 덮은 납골
> 시간과 공간까지 소거된 이곳에서

아직도 나를 못 버린
　　내 그림자 흔들거린다
　　 -「송광사 불일암佛日庵」전문

　시인은 우리 나라 3대 사찰 가운데 하나인 '송광사 불일암'에서 만난 풍경과 순간을 서정적으로 기록하고 있다. 시인은 매듭이 복잡하게 얽혀있는 "실타래 한 짐"을 지고 저물어가는 사찰에 들어선다. 그렇게 묵묵하게 나선 길은 어쩌면 "오르막길 같기만 한 무거운 인연들"이나 "쉽게 끝내버린 내리막길 인연들"을 다 잊어버리고 새로워지려는 길일 것이다. '나'를 찾아 당도한 곳에서 시인은 "풍경의 청아한 소리로/맑아질" 순간을 기대해본다. 하지만 일순一瞬 시공간이 소거된 곳에서 아직도 '나'를 버리지 못한 시인의 그림자만이 흔들거릴 뿐이다. "이제 시간과 공간을 버려야겠다."라는 전언은 송광사의 상징인 법정法頂 스님이 입적 전날 남긴 법어法語인데, 시인은 그 말씀을 인용하면서 '나'를 찾아가는 길의 어려움을 고백하고 있는 것이다. 그렇게 이경주 시인은 "한칼에 베지 못한 인연을 숙명처럼"(「상기 관장」) 느끼면서 "외로운 한 사람쯤은/안아줄 수 있는 곳"(「가포 봄길」)을 찾아가고 있다. 다음은 어떠한가.

　　비 개인 산 중턱의 툇마루 기대앉으면
　　지나는 시냇물 소리 발 담근 댓잎 소리
　　누구도 제 것이라고 주장하지 않는다
　　 -「법정 스님의 사계四季 - 봄」중에서

　　먹물 든 절마당 입구 보살님 눈물 모은 곳
　　씻어서 더 간절한 뼈마디 굵어지며
　　늦여름 계향충만戒香充滿한
　　그런 사람 될까나
　　 -「법정 스님의 사계四季 - 여름」중에서

별자리 뚜렷하고 벌레 소리 아련해져
건듯건듯 소슬바람 버석버석 지나가는,
더위의 뒤끝 더듬어
헤아리는 깊은 밤

하프를 연주하듯 보름달 흘러가고
그늘이 길게 늘어진 후박나무 뜰 아래
적막과 은은한 달빛
내 그림자 씻는다
  ─「법정 스님의 사계四季 ─ 가을」 중에서

산죽밭 사각거림 뜸해진 개울물 소리
요구하는 법 없이 담담히 지나가듯
덜 여문 내 목소리를
다시 안으로 벼린다
  ─「법정 스님의 사계四季 ─ 겨울」 중에서

 이번에는 법정 스님의 사계四季를 기록하는 정성을 다하고 있다. 춘하추동을 지나면서 스님 거하시던 공간은 자연 사물과 어우러지고 궁극의 가치들을 이끌어온다. "비 개인 산 중턱의 툇마루"나 "지나는 시냇물 소리"도 제 것이라고 주장하지 않는 봄날이나 "먹물 든 절마당 입구"의 "늦여름 계향충만戒香充滿한" 전언까지 모두 우리로 하여금 내면을 비우고 낮아진 상태로 연결되어가라고 한다. 스님은 연꽃이 피면 물속 시궁창 냄새는 사라지고 향기가 연못에 가득하다는 뜻을 전하신 바 있는데, 시인은 그것을 이렇게 선명하고도 아름답게 기억하고 기록해놓은 것이다. 가을이 되어 별자리 뚜렷하고 벌레 소리 아련해질 때, 소슬바람 지나는 순간을 헤아리는 밤에, 시인은 "적막과 은은한 달빛"이 자신의 그림자를 씻는 환각을 경험한다. 겨울에는 산죽밭 개울물 소리가 담담히 지나갈 때 "덜 여문 내 목소리"를 안으로 벼리려는 자기 다짐의 순간도 잊지 않는다. 이렇게 시인은 법정 스님의 사계절을 빌려 자신의 삶을 돌아보고 스스로를 견인하고 성찰하며 내면적으로 굳은 의지를 다져간다. 그 과정에서 "바람의 뼈를 숨긴 깜깜한 적막"(「수선화」)을 만나기도 하고 "단단히 견뎌내고 은은히 스며들어/가득한 지혜의 말씀 밤낮없이 담는"(「달항아리」) 순간도 맞이하게 된다. "저만의 보폭으로 한 생을 마름질"(「반달」)하는 자연이 "정갈히 씻어 내리는"(「산문에 들어」) 시공간을 실존적 제의祭儀처럼 받아들인다. 무궁하고 융융하고 성스러운 순간들이 그 아래로 숱하게 지나갔을 것이다.

대체로 서정시는 사라져간 순간에 대한 그리움의 현장으로 펼쳐져 있게 마련이다. 그곳에는 신성한 세계와 함께 가장 인간적인 슬픔의 미학이 흐르고 있고, 지상의 원리에 충실하면서도 한켠에서는 초월과 비상의 꿈을 잃지 않으려는 시인의 고투가 담겨 있을 법하다. 유한자有限者로서의 한계를 벗어나 감각으로는 포착되지 않는 근원적 실재를 찾아나서는 초월과 모험의 순간이야말로 서정시가 꿈꾸는 가장 고차원의 지향일 것이다. 이경주의 시조는 이러한 서정시의 기능을 견지하면서 우리로 하여금 어떤 근원적 실재를 유추하게끔 해주는 화폭으로 다가온다. 시인은 시공간의 심층을 활달하게 가로지르면서 더욱 크나큰 세계로 나아가려는 심미적 진경進境을 제시해준다. 그야말로 성속일여聖俗一如와 비승비속非僧非俗의 경지가 시인의 밝은 눈을 따라 펼쳐져간다. 우리 또한 그리움과 사랑 안에서 성속이 일체가 되는 것을 경험하면서 근원적 실재를 유추해가는 순간을 만나게 된다. 우리 시조시단에 매우 드물고 또 이채로운 성과가 여기에서 도출되고 있다.

3. '삶'과 '시'에 대한 가장 근원적인 사유

그런가 하면 이경주 시인은 자연 사물의 구체성을 통해 '삶'

과 '시詩'에 대한 가장 근원적인 사유를 수행해간다. 자연을 있는 그대로 관찰하면서 뭇 생명들이 어울려 공존하는 지혜를 얻어가는 것이다. 이러한 과정을 통해 시인은 가장 근원적인 사유와 감각을 자연으로부터 얻을 수밖에 없다는 엄연한 진실을 노래한다. 그 점에서 그는 우리 시대에 가장 필요한 사유 방식을 보여주는 서정시인이다. 그 안에는 그리움으로 불러보는 근원적 가치들이 출렁이면서 자연 속에서 자연과 함께 결핍과 불모의 기억을 넘어 숯처럼 견고하게 결정結晶된 상상력을 찾아나서는 면모가 담겨 있다. 뭇 존재자들의 실존을 노래하면서도 다른 한편으로는 지상의 존재자들을 따뜻하게 감싸 안는 크나큰 품을 암시하는 것이다. 그만큼 이경주 시인은 자신의 오랜 기억을 드러내면서 미약하게 사라져가는 존재자들을 실감 있게 복원해내기도 한다. 이는 그가 한결같이 약하고 소외된 존재자들을 옹호하는 마음을 가지고 있음을 알려준다. 한편으로는 첨예하고 구체적인 스스로의 기억으로, 다른 한편으로는 대상을 향한 지극한 사랑으로 그의 시조는 간단없이 퍼져가고 있다. 그 사랑의 힘이 우리 시조시단의 한 개성적 역동성으로 나타나고 있는 것이다.

금낭화 앞장세워 봄햇살 두른 도자陶瓷
공작은 허리 깃 펼쳐 호위무사 자처하고
영축산 그림자 비껴
화엄 내린 장경각

시대를 거슬러 온 해안의 우주 허공
선한 눈매를 가진 고래와 사슴들이
한 물에 어울려 노는
평화로운 이 뜨락

일하며 공부하고, 공부하며 일하듯이

미물도 제 몸 바쳐 옻칠로 변신하여
　　이 땅의 불국정토가
　　소슬하게 세워졌나니

　　수행의 복력福力으로 거룩한 됨됨이로
　　볼수록 빛이 나는 이 따뜻한 이룸이여
　　해와 달 두루 비추어
　　곳곳마다 여래로다
　　　-「장경각의 봄」 전문

　영축산 통도사 성파 스님 어록語錄 『일하며 공부하며, 공부하며 일하며』를 가로지르는 상상력이 이 시편을 관통하고 있다. 시인은 "금낭화 앞장세워 봄햇살 두른 도자陶瓷"를 바라본다. 그리고 그 곁으로 찾아드는 "영축산 그림자 비껴/화엄 내린 장경각"의 모습은 가장 거룩한 침묵의 전언을 우리에게 건넨다. 그 안에는 모든 생명들이 평화롭게 어울려 노는 뜨락이 존재하고, "미물도 제 몸 바쳐 옻칠로 변신"하는 "이 땅의 불국정토"도 깃들어 있다. 이제 시인은 "수행의 복력福力"을 통해 한없이 빛나는 "따뜻한 이룸"을 불러본다. 그 거룩한 성취를 두고 시인은 "해와 달 두루 비추어/곳곳마다 여래"라고 감동하는 것이다. 그렇게 영축한 장경각의 봄은 "별뉘가 다녀갔을 그늘"(「안나 카레니나에게」)을 안으로 숨긴 채 "마음속 저 혼자만 비밀을 숨겨두고"(「짝사랑」) 은은하게 복력을 펼쳐가고 있다. "캄캄한 심연 속에 숨겨둔 고요한 빛"(「성파 선예禪藝」)이 그 안으로 그득 번져오고 있지 않은가. 그리고 그 빛으로 시인은 자신의 '삶'과 '시'를 스스로 비추어보고 있다.

　　내 글이 책상에서 절 한 채 떠받들 때
　　네 법구 시장에서 세상살이 가르친다
　　마땅히 머물지 않은
　　그 마음이 금강이라

활자는 아슴푸레 입에서 깔끄럽고
가슴속 닿지 못해 손에서 멈칫하여
고귀한 문구 밖으로
갸웃대는 물음표

여법한 수행으로 삼매에 빠진 밑줄
형광펜 노란빛이 홀씨로 난분분해
새벽녘 이슬 맞은 듯
하얘지는 말머리

꽃그늘 주저앉은 나 데리러 산에 간다
고랑 길 훑어가듯 찬찬히 손 내밀어
네 경經이 나에게 닿게
한 발짝씩 옮긴다
 —「금강경金剛經을 배우며」 전문

 '금강경'은 대승불교 초기 공空 사상을 담은 반야 계통 경전으로 알려져 있다. 시인은 책상에서 절 한 채 떠받드는 것보다 시장에서 세상살이 가르치는 마음이 결국 '금강'의 속성일 것이라고 믿는다. 활자는 입에서 깔끄러울 뿐이어서 결국 "고귀한 문구 밖으로/갸웃대는 물음표"에 불과한 것이다. 그렇게 "여법한 수행으로 삼매에 빠진 밑줄"을 넘어 시인은 "꽃그늘 주저앉은 나"를 데리러 산으로 향한다. "네 경經이 나에게 닿게" 함으로써 한 발짝씩 진리의 언어로 옮겨가는 시인의 국량局量이 크게 다가온다. 시인은 이처럼 금강경을 배우며 스스로 깨달음에 이르러간다. 그 깨달음에는 "인간의 굴곡진 명암"(「최민식」)을 넘어서는 "무와 무 그 사이에서 살아가는 하루"(「퍼펙트 데이즈Perfect Days」)의 연속이 자리잡고 있고, 나아가 "해야 할/말을 수선해/책 속에다 묻는"(「시인의 말」) 시인의 성숙한 요량이 개입해 있을 것이다. 과연 그러하지 아니한가.
 이처럼 이경주 시인은 불가적 사유를 바탕으로 하여 주위에 존재하는 사물들로부터 가장 근원적인 가치를 소환하고 있다. 우리 삶의 배경이 되는 사물들에서 얻어낸 깨달음을 집중적으로 노래하면서 그 이면에 캄캄한 깊이를 거느린 진리의 도량을 찾아간다. 이때 각 사물은 제 몫의 물질성을 유지하면서도 일상에서 어떤 지혜나 경험을 회복해주는 상징적 장치로 차츰 변모해간다. 이러한 모습은 궁극적 대상을 바라보는 시인의 독자적인 태도나 관점에서 빚어지는 것인데, 그렇게 시인은 인간과 자연의 상호의존성을 바탕으로 그 생명의 경이가 전해주는 가장 구체적이고 심미적인 풍경을 채집해간다. 이때 시인이 포착한 사물의 존재 방식은 시인 자신의 원형으로 환치되기도 하고, 존재의 심층에 가라앉은 삶의 이법理法에 대한 사유를 가능케 해주는 형식으로 화하기도 한다. 다양한 사물의 존재 방식을 통해 삶의 비의秘義에 도달하려는 이러한 의지는 양도할 수 없는 이경주 시조의 표지標識가 되는 동시에, 자연 사물 속에 내재한 소멸과 신생의 원리에 대한 그의 사유를 증명해준다. '삶'과 '시'에 대한 가장 근원적인 사유를 담아내는 데 남다른 적공積功을 들이는 시인의 불가적이고 형이상학적인 시선이야말로 오랜 시간 쌓아온 연륜을 한결 선명하게 보여준다 할 것이다.

4. 존재론적 기원起源에 대한 사랑의 마음

 이경주 시인은 현실에서는 가닿을 수 없는 어떤 세계를 그려가면서 그 세계를 순리와 역리의 균형으로 걸어가고 있다. 그리고 온몸의 직접성으로 겪은 자신의 기억을 통해 그것을 수행해간다. 우리가 잘 알듯이 기억이란 자기동일성에 의해 구현되는 재현과 창조의 원리를 말한다. 시인은 사물을 해석하고 형상화해가는 과정에서 사물의 이면에 존재하는 순리와 역리의 파동을 세밀하게 포착하면서 그것을 순간적 기억으로 복원해간다. 사물들이 감각적 현존으로 나타나는 구체적 시공간을 작품 안으로 초대하는 것이다. 이때 그의 섬세하고도 아름다운 기억은 서정시가 구현하는 시간예술로서의 속성을 한껏 충족하는 기능을 떠맡는다. 그리고 인간의 오래된 근원을 유추하게끔 하는 유력한 역할을 자임하기도 한다. 그 가운데 특별히 자신의 존재론적 기원起源에 대한 사랑의 마음은 서정시가 오랫동안 축적해온 핵심적 기율이기도 하고 사라져버린 대상을 상상적으로 재현하고 복원하는 일에 심혈을 기울여온 오랜 경험적 방법론이기도 할 것이다. '시인 이경주'는 자신의 존재론적 기원이 되어준 이들에 대한 기억을 통해 자신을 가능케 한 시간을 적극적으로 사유하고 표현해간다.

> 첫눈은 해가 바뀌어도 어김없이 내리네요
> 남녘의 바닷바람 텃새처럼 불어와서
> 눈사람 남기지 못하고
> 사라지며 묻히고
>
> 흙먼지 빛을 가려 녹아서 마르기 전
> 까맣게 잊어왔던 그대를 소환하네요
> 당신이 처음이에요
> 나를 다 보였어요
>
> 햇살이 고백으로 귓불에 전해지면
> 수신을 알 수 없는 사랑이 맴도네요
> 그대를 찾아가네요
> 하늘에서 땅으로
> ―「첫사랑」 전문

오래고도 오랜 '첫사랑'에 대한 기억이 '첫눈'의 형상을 통해 펼쳐진다. 단정한 경어체의 말건넴 구조로 짜여 있는 이 시편은 그때처럼 내리는 '첫눈'이 이제는 "남녘의 바닷바람"처럼 불어와 눈사람 남기지 못하고 사라지고 있다고 묘사한다. 하지만 그 순간 "까맣게 잊어왔던 그대"에게 "당신이 처음"이었고 "나를 다" 보였다는 고백이 소환된다. "새벽녘/택배로 오는/그대 마음의 온도"(「곡우」)가 전해진 것이다. 그렇게 햇살이 고백으로 귓불에 전해지는 순간, 시인은 오래 가슴에 묻어두었던 "수신을 알 수 없는 사랑"을 찾아간다. "하늘에서 땅으로" 낙하하는 '첫눈'을 바라보면서 말이다. 언젠가 시인의 존재를 온통 흔들었을 첫사랑의 기억이 새삼 내리는 '첫눈'을 통해 강렬한 감각으로 불려온 시편이다. 비록 "헛헛한 인연들은 오래갈 수 없는 법"(「자화상」)이라지만 시인은 "속마음 들킬지 몰라/조바심이 앞서는"(「바다를 붙잡다」) 사랑의 마음을 자신의 기원으로 호명하고 이렇게 새겨놓았다. '시인 이경주'가 살아온 여러 삶의 한 단면이 부조浮彫된 작품인 셈이다. 이는 "웃소금 덮어두듯 애써 감춘 그리움"(「음식, 사랑이다」)의 반영이기도 하여 시인은 "무수히도/남몰래 다녀갔을/너를 떠올리는 것은/나의 서툰 사랑 고백"(「안개」)이라고 말하는 것이다.

  지중해 가자 지구, 흑해의 크림반도
  꺼지지 않는 불이 점령한 지 오래다
  탄환은 바다 밑으로
  쉬지 않고 달린다

  밤이면 섬광으로 참혹한 불꽃 피고
  아침엔 아이들의 팔뚝에 피 흐르고
  격랑의 세상천지에
  사람들은 사라진다

  장갑차 낸 자국에 가슴이 패인 날들
  염병처럼 번져버린 결전의 현장에는,
  아무도 승자는 없다
  신들도 전범자다
   -「먼 바다가 전하는 소식」 전문

태어나 죽음까지 열심히 달려가도
시원始原의 터전에선 똑같이 대우한다
사람일 하늘에 지은
구름 같은 절이다

금강경 문리 트면 모두가 없다 한다
시작과 끝 바깥에서 소멸하여 비워져
머무른 나의 자리는
그 안쪽에 잠시뿐

베푸는 마음조차 은혜로이 사라진다
오늘을 수고해서 다음 생 아름답게
찰나의 유혹을 건너
저마다 귀의한다

바람은 자유롭게 거침없이 비행하여
사람으로 산다는 걸 탓하지 않겠지만
기대어 일어서는 난,
등 뒤가 시려온다
— 「무주상보시無住相布施」 전문

시인은 자신의 존재론 깊은 곳에 자리하고 있는 인간애와 휴머니즘을 노래한다. "지중해 가자 지구, 흑해의 크림반도"에 꺼지지 않는 전쟁의 불을 연민하고 그 쉬지 않는 질주를 비판한다. 참혹한 불꽃과 아이들 팔뚝의 피 그리고 사람들 사라진 그곳을 응시한다. "장갑차 낸 자국에 가슴이 패인 날들"이야말로 "아무도 승자는" 없고 "신들도 전범자"로 추락하는 지옥도일 뿐이 아닌가. 먼 바다가 전하는 소식은 그야말로 우울하고 잔혹한 것일 뿐이다. 이렇게 제국의 폭력을 비판하던 시인의 마음이 귀환하는 것은 궁극적으로 '무주상보시無住相布施'라는 불가적 지혜이다. 그것은 아무런 집착 없이 남에게 베풀어주는 것을 의미하는 불교 교리이다. 두루 알려져 있듯이 '무주상'은, 크고 작음이 생멸하는 우주처럼, 특정하고 견고한 이미지에 긴박되지 않음을 말한다. 이때 사랑과 지혜가 그러한 항심恒心을 가져다주는 실천적 항목이 된다. 이는 『금강경』의 "응무소주應無所住 이생기심而生其心" 곧 "마땅히 머무는 바 없이 그 마음을 내라."라는 지혜를 담고 있는 가르침인 셈이다. 결국 이는 무엇에도 집착하지 않는 마음으로 행함으로써 그 어떤 것에도 사로잡히지 않는 상태를 말하는 것이다. 이렇게 이경주 시인은 우리가 열심히 살아도 "시원始原의 터전에선 똑같이 대우"하게 마련이며 "금강경 문리"에 따르면 "머무른 나의 자리는/그 안쪽에 잠시뿐"임을 우리로 하여금 알게 해준다. 베푸는 마음도 사라지니 찰나의 유혹을 건너 귀의해야 한다는 것을 강조하면서 말이다. 그래서 이 시편은 우리가 "일정을 알 수 없는 항해"(『사랑을 꿈꾸며』)를 한다 해도 "더 오래 참고 기다리면 별빛으로"(『란蘭』) 일어설 것이고, 마침내 "저만의 요량으로 가야 할 곳을"(『그래도 늦지 않다』) 알게 될 것을 암시해주는 명편이 아닐 수 없다.

시조를 포함한 서정 양식은 근본적으로 시인 자신이 살아온 시간의 결을 회상하고 성찰하는 기억 작용을 강렬하게 활용하는 언어예술이다. 우리가 서정시의 직접적 창작 동기를 자기회귀의 나르시시즘에서 찾으려 하는 까닭도 바로 여기에 있을 것이다. 이처럼 서정시의 가장 중요하고도 원초적인 욕망은 한편으로는 자신의 기억으로 잠입하려는 것이고 다른 한편으로는 다양한 사물을 향해 확장해가려는 외연적 힘에 있다. 이경주 시인은 사물을 향한 외적 관심의 확장보다는 자신의 삶에 대한 기억을 구성함으로써 그 안에 있는 시간을 회감回感하려는 내향성內向性을 잘 보여준다. 그러나 그에게 기억이란 지나온 시간에 대한 단순한 미화나 특화보다는, 자신의 삶에 남은 흔적을 추스르고 견디는 쪽에서 발원하는 모습을 보여준다. 그만큼 그는 자신의 삶에 커다란 무게로 주어진 흔적들에 대한 기억을 토로하면서 시간의 심연에 한편으로는 잠기고 한편으로는 그것을 넘어서려는 의지를 단호하고도 섬세하게 드러낸다. 그 힘으로 시인은 자신의 존재론적 기원에 대한 사랑의 마음을 멈추지 않는 것이다. '첫사랑'으로부터 마침내 '무주상'으로 자연스럽게 귀환하는 궁극의 마음까지 이러한 원리는 폭넓게 그의 시조를 관류하고 있다. 애잔하고 중중重重하고 단연 아름다운 성과라 할 것이다.

5. 더욱 견고하고 아름다운 시조 미학을 구축해가기를

우리는 예술을 통해 현실에서는 불가능한 존재 전환을 꿈꾼다. 일상적이고 물리적인 현실을 벗어나 전혀 다른 곳으로 이동하려고 하는 꿈은 예술을 통하지 않고는 불가능할 것이다. 특별히 서정시를 쓰는 시인은 사물로 한껏 관심의 권역을 넓혔다가 다시 스스로에게 회귀하는 과정을 밟음으로써 타자의 꿈을 언어적으로 내면화하는 존재이다. 이러한 자기 회귀와 타자 발견 과정을 노래함으로써 시인은 언어 뒤편에 존재 전환의 꿈을 품게 되는 것이다. 그리고 이 과정에서 포착되는 것이 시간의 흐름일 것이고 그에 대한 각별한 기억일 것이다. 이경주 시인은 시간이 인간 욕망에 평등을 부여한다는 점에서 시간에 대한 기억을 통해 삶을 증언하고 해석하는 작업을 줄곧 수행해왔다. 살아온 시간을 응시하고 그 시간이 남긴 흔적을 반추하는 과정에서 창작된 것이 그의 시조일 것이다. 아닌 게 아니라 그에게 시조는 "단출한 세 줄 글"(「내가 사는 곳」)로서 자신의 실존과 역사를 한꺼번에 담는 그릇이 되어주었다. 이때 시인이 수행한 회감의 깊이와 표현의 진정성이 결합하면서 그의 시조는 읽는 이들의 공감도 비례적으로 키워온 것이다.

지금까지 우리는 이경주 시인의 회감이 시인 자신으로 하여금 어떤 근원을 향하게끔 하는 것을 천천히 목도해왔다. 말할 것도 없이 '회감'이란 지나온 시간을 재현하는 운동이기도 하지만 자신의 실존적 현재형을 아름답게 견지해가는 힘으로 각인되기도 한다. 사실 이경주의 시조는 어떤 시편을 인용하더라도 상관없을 정도로 풍요롭고 또 균질적이다. 감각의 충실성과 시간 인식 그리고 사물의 기억에 대한 흔연한 자각을 통해 그는 오늘도 빼어난 시조를 써간다. 이는 모두 이경주 시인 자신의 유니크한 경험들이 대상과 수평적 관계를 형성하면서 자연스러운 공감으로 구체화되는 과정에서 완성된 것일 터이다. 그리고 그것은 대상과의 불화나 그 사이의 균열보다는 친화와 동화의 과정이 육화된 예술적 결과일 것이다. 그만큼 이경주의 시조는 섬세한 현대성과 균형 있는 시조성時調性을 동시에 구현하면서, 정격正格의 형식과 내용을 심미적으로 담아냈다고 할 수 있을 것이다.

앞으로도 그의 시조는 살아온 날에 대한 재현에 머무르지 않고 앞으로 살아갈 날들의 정신적 지남指南 역할을 하게 될 것이다. 주체와 대상, 현상과 실재, 죽음과 삶, 생성과 소멸의 경계를 지워가면서 그 역할을 또한 첨예화할 것이다. 세상을 따뜻하게 안아들이고 스스로의 삶을 완성해가는 사랑의 힘이 그 안에서 항구적으로 숨쉬고 있을 것이다. 이제 우리는, 한없는 사랑의 힘으로 번져가는 선연한 사유와 기억을 그가 단단히 딛고 넘으면서, 앞으로도 더 견고하고 아름다운 시조 미학을 구축해가기를 마음 깊이 희원해본다. 그럼으로써 그의 정형 미학이 우리 시조시단을 또렷하게 밝히면서 도약하는 새로운 진경進境이 되기를 소망해보는 것이다.

창연기획시선 019

사람의 겨울

2025년 9월 7일 초판 1쇄 발행

지 은 이 | 이경주
펴 낸 이 | 임창연
편   집 | 이소정 임혜신
펴 낸 곳 | 창연출판사
주   소 | 경남 창원시 의창구 읍성로 36, 2층
출판등록 | 2013년 11월 26일 제2013-000029호
전   화 | (055) 296-2030
팩   스 | (055) 246-2030
E-mail | 7calltaxi@hanmail.net

값 12,000원
ISBN 979-11-91751-99-4   03810

ⓒ 이경주, 2025

* 이 책의 판권은 저자와 창연출판사에 있습니다.
* 양측의 서면 동의 없이 무단 전재나 복제를 금합니다.